W0272178

Meine ersten Wörter und Sätze

ENGLISCH

Angela Wilkes
Bilder von John Shackell
Gesamtentwurf Roger Priddy
Übersetzung und Bearbeitung Heinz Lechleiter
Sprachliche Beratung Miriam O'Reilly

ars≡dition

INHALT

Dieses Buch

Eine Reise ins Ausland macht viel mehr Spaß, wenn du verstehst, was die Leute sagen. Eine Sprache zu lernen ist viel einfacher, als du denkst. Mit diesem Buch lernst du Englisch, wie du es jeden Tag brauchen kannst.

Du lernst zu sagen

wer du bist

wo du herkommst

wieviel Uhr es ist

was du magst

wie man nach dem Weg fragt

was du einkaufen willst.

Und so funktioniert es:

Comics zeigen dir, was man in bestimmten Situationen sagt. Lies die Texte in den Sprechblasen. Probiere aus, wieviel du verstehst; dann sieh die Wörter nach, die du nicht kennst. Wörter und Ausdrücke werden oft wiederholt. So prägen sie sich dir leichter ein. Das Buch fängt mit ganz einfachen Ausdrücken an und wird gegen Ende schwieriger.

Neue Wörter

Auf jeder Doppelseite findest du einige neue Wörter aufgelistet und deutlich abgesetzt. So kannst du sie beim Weiterlesen leicht finden. Hast du einmal ein Wort vergessen, dann schau' einfach in die Wortliste (S. 46 – 48). Wenn ein Wort mit einem Sternchen gekennzeichnet ist: siehe unterer Seitenrand.

Sprachregeln

In Kästchen wie diesem wird erklärt, wie englische Wörter und Sätze gebildet werden. Es macht nichts, wenn du nicht alles auf Anhieb verstehst. Alle Sprachformen werden häufig wiederholt. Im übrigen findest du auf den Seiten 42 und 43 eine Zusammenfassung aller in diesem Buch erwähnten Sprachregeln.

Aussprache

Auf Seite 41 erklären wir anhand von Beispielen, wie das Englische ausgesprochen wird. Außerdem gibt die alphabetische Wortliste am Ende des Buchs die Aussprache aller angeführten Wörter an.

Übungen

Im ganzen Buch findest du kleine Aufgaben, die dir helfen, dein Englisch zu üben. Auf den Seiten 44 und 45 kannst du überprüfen, ob deine Antworten richtig waren.

Was du sonst noch tun kannst

Schreibe alle neuen Wörter in ein Vokabelheft, und lerne jeden Tag ein paar davon. Fünf oder zehn Minuten genügen. Wiederhole die gelernten Wörter ab und zu. Vielleicht kannst du jemanden bitten, dich gelegentlich abzuhören oder, noch besser, mit dir zusammen Englisch zu lernen. Dann könnt ihr miteinander üben. Unterhaltet euch möglichst viel auf englisch! Keine Angst vor Fehlern!

„Hallo" und „Auf Wiedersehen"

Zuerst lernst du, wie man sich begrüßt. Stelle dir vor, du triffst Herrn Smith. Ihn wirst du morgens mit **Good morning, Mr. Smith*** begrüßen. Kennst du den Mann, nicht aber den Namen, so sagst du **Good morning, Sir.** Frau Smith wird mit **Good morning, Mrs. Smith*** bzw. mit **Good morning, Madam** angesprochen. Mädchen und junge Frauen heißen in beiden Fällen **Miss.**

„Hallo"

Hello sagt man, wenn man sich gut kennt.

„Guten Morgen" heißt **Good morning.**

Abends sagt man **Good evening.**

„Auf Wiedersehen"

Bye gebraucht man wie „Tschüs".

Goodbye heißt „Auf Wiedersehen", **See you** „Bis bald".

„Gute Nacht"

Good night sagt man vor dem Schlafengehen.

***Mr.** Smith gesprochen **Mister** Smith; **Mrs.** Smith gesprochen **Misses** Smith.

„Wie geht's?"

So grüßt man und fragt, wie es geht.

Diese Frau sagt „Danke, gut…"

…aber der Herr meint, es könnte besser gehen.

How are you?

Hier siehst du verschiedene Möglichkeiten, auf die Frage **How are you?** zu antworten. Was glaubst du, wird jeder dieser Leute antworten, wenn du dich nach seinem Befinden erkundigst?

very well	sehr gut
well	gut
quite well	ganz gut
so so	es geht
not very well	nicht so gut
terrible	furchtbar

Wie heißt du?

Möchtest du wissen, wie du dich selbst und deine Freunde vorstellen kannst?
Die Comics auf dieser Seite zeigen dir, wie du das machst. Lies die Texte in den Sprechblasen, dann kannst du die Fragen auf der nächsten Seite beantworten.

Neue Wörter

I	ich
you	du
he	er
she, they	sie
what's your name?	wie heißt du?
my name is...	ich heiße
what's his name?	wie heißt er?
his name is...	er heißt
her name is...	sie heißt
what are their names?	wie heißen sie?
they are...	sie heißen
who is that?	wer ist das?
this/that is	das ist
my friend (male)	mein Freund
my friend (female)	meine Freundin
and	und
yes	ja
no	nein

Freunde vorstellen

Anrede

Im Englischen gibt es den Unterschied zwischen „Du" und „Sie" **nicht.** Es heißt immer **you.**

Kurzform

Statt **what is, that is, who is** und **it is** sagt man auf englisch kürzer **what's, that's, who's** und **it's.**
Auch bei **they are** kannst du abkürzen und **they're** sagen.

Wie heißen diese Leute?

Kannst du auf englisch antworten?

Wer ist wer?

Weißt du die Antworten auf die Fragen unter dem Bild? (Vergleiche sie mit denen auf Seite 44.)

Wer spricht mit Bill?
Wer spricht mit Susan?

Wer heißt George?
Wer spricht mit ihm?

Wer heißt Anita?
Wer geht heim?

Erinnerst du dich?

Wie fragst du jemanden, wie er heißt?
Wie stellst du dich selber vor?

Du hast eine Freundin namens Anita.
Wie stellst du sie vor?
Wie könntest du jemandem sagen, daß dein Freund Daniel heißt?

Wie die Dinge heißen

Alle Gegenstände auf diesem Bild sind mit ihrem Namen bezeichnet. Versuche diese Wörter zu lernen. Auf der gegenüberliegenden Seite kannst du überprüfen, welche du behalten hast. Merke: Alle englischen Hauptwörter haben **the** als Artikel.

The

Es gibt nur **ein** Wort für „der", „die" oder „das" im Englischen: **the.** Statt „ein" oder „eine" heißt es englisch **a** bzw. **an.***

Allerdings gibt es Ausnahmen von dieser Regel. Die wichtigsten Ausnahmewörter sollst du dir merken:

Mehrzahl (Plural)

Im Englischen hängst du ein -s an das Wort, wenn du über mehr als ein Ding oder mehr als eine Person sprichst, z. B. **one tree** „ein Baum", **two trees** „zwei Bäume".

child	Kind	**children**	Kinder
man	Mann	**men**	Männer
woman	Frau	**women**	Frauen
foot	Fuß	**feet**	Füße

* **an** anstelle von **a** heißt es dann, wenn das Hauptwort (Nomen) mit a, e, i, o oder u beginnt, z. B. **This is an elephant.**

Namen und Wörter erfragen

Es macht nichts, wenn dir einmal ein englisches Wort fehlt. Du kannst ja fragen. Hier ist eine kleine Liste mit nützlichen Sätzen, die dir dabei helfen werden. Wie man sie anwendet, zeigen die Bilder.

what is that?	was ist das?
that is ...	das ist...
what is that called?	wie heißt das?
that is called ...	das heißt...
in German	auf deutsch
in English	auf englisch

Erinnerst du dich?

Decke einmal die linke Seite ab. Weißt du noch, wie diese Dinge auf englisch heißen? Und mehrere davon? (Auf Seite 44 steht's.)

Woher kommst du?

Hier lernst du zu fragen, wo die Leute herkommen und wie du ihnen sagen kannst, aus welchem Land du selber kommst. Außerdem lernst du herauszufinden, welche Sprachen andere Menschen sprechen.

Neue Wörter

where do you come from?	wo kommst du her?
I come from	ich komme aus
where do you live?	wo wohnst du?
I live in	ich wohne in…
do you speak…?	sprichst du…?
I speak…	ich spreche…
a little	ein bißchen
German	Deutsch
English	Englisch

Länder

Switzerland	Schweiz
Germany	Deutschland
England	England
France	Frankreich
India	Indien
Scotland	Schottland
Austria	Österreich
Spain	Spanien
Hungary	Ungarn

Wo kommst du her?

Sprichst du Englisch?

* **Cologne** heißt Köln auf Englisch.

Wer kommt von wo?

Hier siehst du die Teilnehmer eines internationalen Tanzturniers. Der Ansager spricht nur Deutsch. Deshalb ist ihm entgangen, wo die Teilnehmer herkommen. Kannst du ihm helfen? Seine Fragen stehen unter den Bildern. (Die Antworten findest du auf Seite 44.)

Woher kommt Franz?
Wie heißen die indischen Teilnehmer?
Sind auch Franzosen dabei?
Ist Lolita Italienerin?
Wo kommen Hari und Indira her?
Tanzt jemand aus Schottland mit?
Von wo kommt Pierre?
Wer wohnt in Budapest?

Tätigkeitswörter (Verben)

Englische Verben (Tätigkeitswörter) ändern sich nur, wenn man von einer dritten Person oder Sache spricht, also von er **(he)**, sie **(she)** oder es **(it).** In diesem Fall hängt man ein „s" an das Verb; z.B.: **I come, we come,** aber **she comes.*** Abweichend hiervon: **to do.**

to do	tun, machen
I do	ich tue
you do	du tust
he/she/it does	er/sie/es tut
we do	wir tun
you do	ihr tut
they do	sie tun

Fragen mit to do

Bei englischen Fragen nimmt man meistens das Verb **to do** zu Hilfe.

Do you like it? Magst du es?
Wörtlich: Tust du es mögen?
Do you want an apple? Willst du einen Apfel?

*Verben, die auf e, o, u enden (to go, to do), hängt man „es" an: he goes, she does.

Mehr über dich selbst

Hier steht, wie du sagst, wie alt du bist und ob du Geschwister hast.

Neue Wörter

how old are you?	wie alt bist du?
I am…	ich bin…
… years old	… Jahre alt
do you have…?	hast du…?
I have	ich habe
brothers and sisters	die Geschwister
brother	der Bruder
sister	die Schwester
almost	fast
not any	keine
I don't have any sisters	Ich habe keine Schwestern
we	wir
you (plural)	ihr
but	aber

Weißt du noch?

Im Englischen wird die Mehrzahl eines Wortes gebildet, indem man ein **„s"** an das Wort anhängt: **brother, brothers** Bruder, Brüder. Wichtige Ausnahmen von dieser Regel sind: **child, children** Kind, Kinder; **man, men** Mann, Männer; **woman, women** Frau, Frauen; **foot, feet** Fuß, Füße.

Die Zahlen

1 one	**11 eleven**
2 two	**12 twelve**
3 three	**13 thirteen**
4 four	**14 fourteen**
5 five	**15 fifteen**
6 six	**16 sixteen**
7 seven	**17 seventeen**
8 eight	**18 eighteen**
9 nine	**19 nineteen**
10 ten	**20 twenty**

Wie alt bist du?

Hast du Geschwister?*

*Im Englischen gibt es kein eigenes Wort für Geschwister. Deshalb sagt man stattdessen „Brüder und Schwestern".
****I am** kannst du zu **I'm** verkürzen.

Wie alt sind sie?

Lies, was diese Kinder sagen. Weißt du jetzt, wie alt sie sind?

Wie viele Geschwister?

Unten steht, wie viele Geschwister diese Kinder haben. Errätst du, wer zu wem gehört?

Jean and Joan have a brother and two sisters.

Eve has three sisters and two brothers.

Michael has five sisters, but no brothers.

Victor has a brother, but no sister.

Boris has no brothers and sisters, but he has a dog.

Nützliche Verben

to be	sein
I am	ich bin
you are	du bist
he/she/it is	er/sie/es ist
we are	wir sind
you are	ihr seid
you are	Sie sind
they are	sie sind

to have	haben
I have	ich habe
you have	du hast
he/she/it has	er/sie/es hat
we have	wir haben
you have	ihr habt
you have	Sie haben
they have	sie haben

Deine Familie

Hier sind viele Wörter, mit denen du deine Familie beschreiben kannst. Außerdem lernst du etwas über die richtige Wortstellung in englischen Sätzen.

Wer ist wer?

Neue Wörter

family	Familie	**aunt**	Tante	**fat**	dick
grandfather	Großvater	**grandparents**	Großeltern	**thin**	schlank
grandmother	Großmutter	**parents**	Eltern	**old**	alt
father	Vater	**tall**	groß	**young**	jung
mother	Mutter	**to believe**	glauben	**blonde**	blond
uncle	Onkel	**small**	klein	**dark-haired**	dunkelhaarig
		very nice	sehr nett	**friendly**	freundlich

Die Wortstellung

Auf englisch sagt man immer zuerst, **wer** etwas tut, dann die Tätigkeit (das Tätigkeitswort/Verb) und danach alles andere.
Z.B. **My parents are very nice.** Meine Eltern sind sehr nett.

Im Englischen bleibt die Wortstellung immer gleich, auch wenn sie sich im Deutschen ändert. Achte auf die Satzteile hinter dem Strich.
I believe that / my parents are very nice.
Ich glaube, daß / meine Eltern sehr nett sind.

Wie du deine Familie beschreibst

Steckbriefe

Kannst du diese Räuber beschreiben? Benutze möglichst viele der neuen Wörter. Beginne jede Beschreibung mit **He is…** oder **She is…** (Er ist… oder Sie ist…). Z.B. **He is tall*, young and blonde.** Wie siehst du selbst aus? Beginne mit **I am…** Beschreibe deine Eltern: **They are…**

* **tall** sagt man nur, wenn die Körpergröße gemeint ist, sonst heißt „groß" **big.**

Bei dir zu Hause

Hier lernst du zu sagen, wo du wohnst und in welcher Umgebung. Außerdem wirst du die Namen der verschiedenen Zimmer eines Hauses kennenlernen.

Neue Wörter

or	oder
house	Haus
flat	Wohnung
castle	Schloß
in the town	in der Stadt
in the country	auf dem Land
city	Großstadt
by the sea	am Meer
Dad	Vati
Mum	Mutti
Grandad	Opa
Granny	Oma
ghost	Gespenst
where are you all?	wo seid ihr alle?
room	Zimmer
bathroom	Badezimmer
dining room	Eßzimmer
bedroom	Schlafzimmer
living room	Wohnzimmer
kitchen	Küche
upstairs	oben
here	hier

Wo wohnst du?

Stadt oder Land?

Wo stecken sie alle?

Papa kommt nach Hause. Er will wissen, wo sich die verschiedenen Familienmitglieder gerade befinden. Kannst du es ihm sagen? Z.B. **Granny is in the living room.**

Who is in the dining room?
Who is in the kitchen?
Who is in the bathroom?
Who is in the bedroom?

Where is Granny?
Where is the ghost?
Where is the dog?
Where is Peter?

Vielleicht will Papa wissen, was augenblicklich geschieht. Dafür gibt es eine besondere Ausdrucksform: die **-ing** Form.

Die -ing Form

Im Englischen kann der Satz „ich spreche" auf zwei Arten formuliert werden: **I speak** und **I am speaking** (wörtl.: Ich bin sprechend). Die 2. Möglichkeit, die sogenannte **-ing** Form, wendet man auf Tätigkeiten und Vorgänge an, die momentan, gerade in diesem Augenblick passieren. Wie die **-ing** Form gebildet wird, steht auf der nächsten Seite.

Sachen suchen

Jetzt geht's um Möbel und einen verschwundenen Hamster. Außerdem wird erklärt, wie die -ing Form (siehe S. 17) gebildet wird.

Neue Wörter

there	da
to look for	suchen
something	etwas
hamster	der Hamster
to find	finden
him/it	ihn
on	auf
under	unter
behind	hinter
in front of	vor
between	zwischen
beside	neben
cupboard	Schrank
armchair	Sessel
curtain	Vorhang
pot plant	Topfblume
bookshelf	Bücherregal
table	Tisch
carpet	Teppich
sofa	Sofa
television	Fernseher
telephone	Telefon
vase	Vase

Die -ing Form bilden:

Du nimmst die passende Form von **to be (I am),** läßt den Verbstamm folgen **(speak)** und hängst an diesen die Endung **-ing** an **(I am speaking).**

I am reading.
What are you doing?
He's cooking.
I am learning English.

Ich lese **gerade.**
Was machst du **da?**
Er kocht **im Moment.**
Ich lerne **zur Zeit** Englisch.

Wo ist der Hamster?

In, auf oder unter?

Achtung, Verwechslungsgefahr: **On** heißt im Deutschen „auf" und nicht „an".

Beside kann auch mit **next to** übersetzt werden.

Wo verstecken sich die Tiere?

Kannst du Mr. Watts sagen, wo sich seine Lieblingstiere verstecken? Verwende die obigen Lagebezeichnungen. (Auf Seite 44 stehen die Antworten.)

Was möchtest du essen?

Hier lernst du zu sagen, was du magst und was nicht.

Neue Wörter

do you like...?	magst du...?
I like...	ich mag...
I don't like	ich mag ...nicht
not at all	gar nicht
very much	sehr gern
better	lieber
best	am liebsten
salad	Salat
fish	Fisch
chips	Pommes frites
cake	Kuchen
sausages	Würstchen
steak	Steak
spaghetti	Spaghetti
to eat	essen
pizza	Pizza
hamburger	Hamburger
me too	ich auch

Verneinung mit to do

Verneint wird im Englischen stets mit der passenden Form von **to do + not: I do not like. He does not eat.**

Was magst du gern?

Was magst du am liebsten?

* **don't** ist die Kurzform für **do not, does not** verkürzt man zu **doesn't.**

Was wird hier gegessen?

Wer mag was?

Hier sagen alle, die am Tisch sitzen, was sie mögen. Vielleicht kannst du die Fragen unter dem Bild beantworten. (Wenn nicht, die richtigen Antworten stehen auf Seite 44.)

Wer mag Käse?
Wer mag keinen Schinken?
Was ißt der Gorilla?
Wer mag Trauben lieber als Bananen?
Was ißt Susy am liebsten?

Kannst du auf Englisch sagen, was du am liebsten magst und was du gar nicht magst? Jetzt verdecke einmal das Bild. Erinnerst du dich an die Worte für Schinken, Käse, Brot, Butter und Obsttorte?

Tischgespräche

Hier erfährst du, was man bei Tisch sagt.

Neue Wörter

come to the table please	zu Tisch bitte
I'm hungry	ich habe Hunger
me too	ich auch
help yourself	bedien dich
help yourselves	bedient euch
enjoy your meal	guten Appetit
the same to you	danke gleichfalls
can you pass me …	gibst du mir bitte …
water	Wasser
bread	Brot
glass	Glas
would you like	möchten Sie /möchtest du
some more…?	noch…?
meat	Fleisch
yes please	ja bitte
no, thank you	nein danke
that's enough	das reicht
is it good?	schmeckt's?
it's delicious	es schmeckt sehr gut

Das Essen ist fertig

Gibst du mir bitte…

Möchtest du noch etwas...?

Wer sagt was?

Hier siehst du verschiedene Leute beim Essen. Weißt du, wie sie sich auf englisch ausdrücken würden? Versuch's mal, ohne nachzuschauen. (Im Notfall steht's auf Seite 44.)

Stephen sagt, daß er Hunger hat.

Der Koch wünscht guten Appetit.

Susy sagt: Bedien' dich.

Jemand soll Peter ein Glas Wasser geben.

Mama bietet Stephen mehr Pommes an.

Er sagt „ja bitte" und daß er Pommes mag.

... aber jetzt hat er genug gegessen.

Boris findet das Essen ganz prima.

„Auch" – too

„Ich mag Kuchen auch gern" heißt auf englisch **I like cake too.** Du kannst also das Wort „auch" mit **too** übersetzen. Merke dir aber: **too** steht immer am Satzende.

Über Hobbys

Diese Leute hier sprechen über ihre Steckenpferde und darüber, was sie gerne tun.

Neue Wörter

to do	machen
to paint	malen
to cook	kochen
to make things	basteln
to dance	tanzen
to read	lesen
to watch TV	fernsehen
to knit	stricken
to go	gehen
to swim	schwimmen
to play	spielen
hobby	Hobby
sport	Sport
football	Fußball
tennis	Tennis
music	Musik
to listen to	hören
instrument	Instrument
violin	Geige
piano	Klavier
in the evenings	abends

Vergleichen

Bei sehr kurzen Adjektiven (Eigenschaftswörtern) machst du es wie im Deutschen und hängst einfach -er ans Wort, wenn du etwas schöner, schneller oder netter findest. Z. B.: **To cook is nice, but to dance is nicer.**

Bei langen Wörtern sagt man, etwas ist „mehr…" z. B. **interesting** (interessant).

Tennis is interesting, but football is more interesting. (Tennis ist interessant, aber Fußball ist interessanter.)

Was machst du abends?

Sportsleute

Musikliebhaber

Was machen sie?

Was tun diese Leute? Kannst du es auf englisch sagen? (Siehe Seite 45.) Kannst du den Koch fragen, was er tut? Z.B.: **Do you cook? Are you cooking?**

Die Uhrzeit

Auf den folgenden Seiten steht, wie man die Uhrzeit angibt und danach fragt.

Bitte merke dir diese Besonderheit: Wenn man auf englisch sagt **It is half past nine** (Es ist halb nach neun), so heißt das auf Deutsch: „Es ist halb zehn."

Neue Wörter

what time is it?	wie spät ist es?
what is the time?	wieviel Uhr ist es?
it is one o'clock	es ist ein Uhr
past	nach
to	vor
quarter past	Viertel nach
quarter to	Viertel vor
half past	halb (nach)
midday	Mittag
midnight	Mitternacht
in the morning	morgens
in the evening	abends
at	um
to get up	aufstehen
his	sein
breakfast	Frühstück
lunch	Mittagessen
supper	Abendessen
to have breakfast	frühstücken
school	Schule
bed	Bett

„Entschuldigung"

Wenn du „Entschuldigung" sagst, weil du jemanden auf dich aufmerksam machen willst, sagst du **Excuse me...** Wenn dir etwas leid tut, z. B. weil du jemandem auf den Fuß getreten bist, heißt es **Sorry!** Im Englischen sagt man **Sorry** viel häufiger als auf deutsch „Entschuldigung".

Wieviel Uhr ist es?

Du hast zwei Möglichkeiten, nach der Uhrzeit zu fragen.

Jetzt ist es...

It is five past nine.

It is a quarter past nine.

It is half past nine.

It is a quarter to ten.

It is five minutes to ten.

It is midday. (amerikanisch: noon)

Die Tageszeit

It is six o'clock in the morning.

It is six o'clock in the evening.

Mikes Tageslauf

Sieh dir an, was Mike heute tut. Weißt du, welche Uhr zu welchem Bild paßt? Auf Seite 45 steht die Lösung.

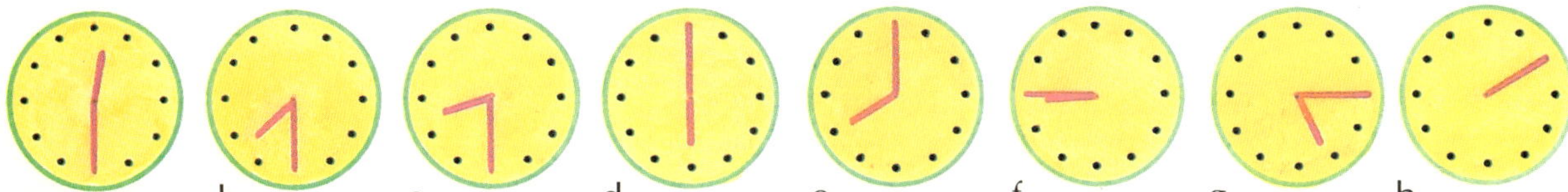

a b c d e f g h

1

Mike gets up at half past seven.

2

At eight o'clock he has his breakfast.

3

At a quarter to nine he goes to school.

4

At half past twelve he has his lunch.

5

At ten past two he plays football.

6

At a quarter past five he watches TV.

7

At six o'clock he has his tea.

8

At half past eight he goes to bed.

Wieviel Uhr ist es?

Kannst du auf englisch sagen, wie spät es auf den verschiedenen Uhren ist? (s. S. 45).

Sich verabreden

Du willst Freunde treffen, etwas unternehmen?

Neue Wörter

when?	wann?
on Tuesday	am Dienstag
in the morning /afternoon	am Morgen /Nachmittag
in the evening	am Abend
that's great	prima
until then	bis dann
today	heute
tonight	heute abend
until tomorrow	bis morgen
that's fine	das geht
it's not possible!	das geht nicht
what a pity!	schade!
to go to the cinema	ins Kino gehen
to go to the disco	in die Disko gehen
to go to a party	auf eine Party gehen

Die Wochentage

Sunday	Sonntag
Monday	Montag
Tuesday	Dienstag
Wednesday	Mittwoch
Thursday	Donnerstag
Friday	Freitag
Saturday	Samstag

Tennis

Schwimmen

Ins Kino gehen

Auf eine Party gehen

Dein Terminkalender

In deinem Kalender steht, was du diese Woche vorhast. Kannst du mit Hilfe des Kalenders die Fragen unten beantworten? (Auf Seite 45 stehen die Antworten.)

Was machst du am Freitag abend?
Wann spielst du Tennis?
Wann gehst du ins Kino?
Hast du eine Klavierstunde?
Hast du am Sonntag morgen Zeit?
Um wieviel Uhr steigt die Party am Samstag?

Boris will mit dir am Samstag nachmittag schwimmen gehen. Was sagst du ihm?

Mary lädt dich für Donnerstag abend in ein Konzert ein. Was sagst du zu ihr?

Nach dem Weg fragen

Auf dieser und den nächsten Seiten erfährst du, wie man nach dem Weg fragt.

Achte darauf, daß du **please** sagst, wenn du um etwas bittest. Die Antwort auf **Thank you** lautet: **Not at all** „Keine Ursache".

Neue Wörter

excuse me	Entschuldigung
not at all	bitte schön
here	hier
post office	Post
in the market place	am Marktplatz
on the right	auf der rechten Seite
on the left	auf der linken Seite
hotel	Hotel
then	dann
is there…?	gibt es…?
nearby	in der Nähe
road, street	Straße
immediately	gleich
is it far?	ist es weit?
about	etwa
minute	Minute
on foot	zu Fuß
supermarket	Supermarkt
over there	da drüben
opposite	gegenüber
next to	neben
bank	Bank
chemist's	Apotheke

Richtungen

Entschuldigen Sie…

So sagst du „Entschuldigung", wenn du nach etwas fragst.

Statt **not at all** sagt man auch **that's o.k.** oder **you're welcome.**

Wo ist…?

Ist hier irgendwo…?

Ist es weit?

Wichtige Orte

the train station	a petrol station	the toilets	a letter box

Bahnhof	Tankstelle	Toiletten	Briefkasten
a telephone box	a campsite	the hospital	the airport

Telefonzelle	Campingplatz	Krankenhaus	Flughafen

Sich zurechtfinden

Hier steht, wie du nach dem Weg fragst. Wenn du Lust hast, versuche die Fragen auf der gegenüberliegenden Seite zu beantworten. (Siehe Seite 45.)

*Auto fahren wird mit **to go (by car)** übersetzt, wörtlich also „(mit dem Auto) gehen“.

Neue Wörter

how do I get to ...?	wie komme ich zum/zur ...?
take...	nimm/nehmen Sie ...
go...	fahr/fahren Sie ...
youth hostel	Jugendherberge
tourist office	Verkehrsamt
along the road	die Straße entlang
as far as	bis zum/zur
by car	mit dem Auto
round the corner	um die Ecke
the first street	die erste Straße
the second street	die zweite Straße
the third street	die dritte Straße
the next street	die nächste Straße

Fragewörter

Achtung, im Englischen gibt es zwei Fragewörter, bei denen du aufpassen mußt. Sie ähneln zwei deutschen, bedeuten aber etwas ganz anderes:

who? wer? z. B. **Who are you?** („Wer bist du?")

where? wo/wohin? z. B. **Where do you go?** („Wohin gehst du?")

In Newcastle

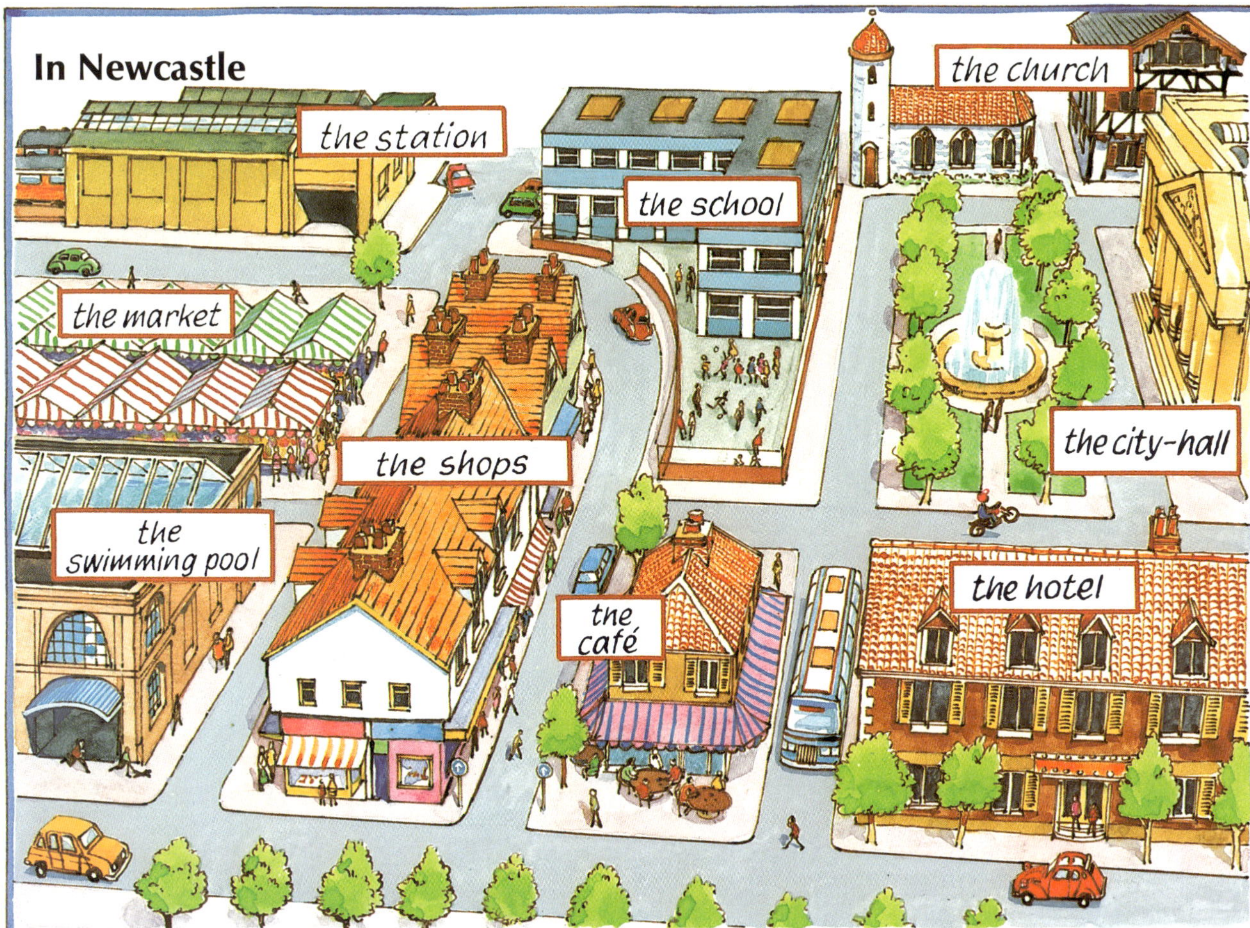

Frage jemand nach dem Weg zum Marktplatz.
Frage, ob es in der Nähe ein Café gibt.
Kannst du den Leuten im gelben Auto sagen, wie sie zur Kirche kommen?
Kannst du den Weg vom Hotel zum Markt erklären?
Wo landet das gelbe Auto, wenn dem Fahrer folgendes gesagt wird: **Take the second street on the left and they are on the left.** (Auf Seite 45 findest du die Antworten.)

Beim Einkaufen

Hier erfährst du, was die Engländer beim Einkaufen sagen.

Geld

In England und Irland gibt es **pounds** (£). Ein **pound** hat 100 **pence.** Statt **pence** sagt man manchmal nur **p** (gesprochen „pi“).
In Amerika zahlt man mit **dollar** ($). Ein **dollar** hat 100 **cents.** Ein 5 **cent**-Stück heißt **nickel,** eine 10 **cent** Münze **dime** (so wie bei uns ein 10 Pfennig-Stück „Groschen“ heißt).

Neue Wörter

to go shopping	einkaufen gehen
to buy	kaufen
baker's	Bäckerei
grocer's	Lebensmittelgeschäft
butcher's	Metzgerei
milk	Milch
eggs	Eier
fruit	Obst
vegetables	Gemüse
meat	Fleisch
bread roll	Brötchen
apples	Äpfel
tomatoes	Tomaten
can I help you?	bitte schön?
can I help you?	was darf es sein?
I would like	ich hätte gern
with pleasure	gerne
anything else?	sonst noch etwas?
anything else?	außerdem noch etwas?
how much is that?	was macht das?
...altogether	...zusammen
that is...	das kostet...
a kilo*	ein Kilo
half a kilo	ein Pfund

Mrs. Burns geht einkaufen

Mrs. Burns goes shopping.

She buys bread rolls at the baker's.

In der Bäckerei

*In England gibt man das Gewicht lieber in **pounds** als in **kilos** an. Das englische pound, abgekürzt **lb.,** entspricht 0,45 kg.

She buys milk and eggs at the grocer's.

She buys fruit and vegetables at the market.

She buys meat at the butcher's.

At the grocer's

At the market

*Literangaben sind in England noch nicht gebräuchlich. Milch z. B. wird in **pints** (= 0,57 l) abgemessen.

Einkaufen und bestellen

Wie du dich nach Preisen erkundigst und im Café etwas bestellen kannst.

Neue Wörter

to cost	kosten
how much are…?	was kosten…?
how much is…?	was kostet…?
postcard	Postkarte
…a kilo	…das Kilo
…each	…das Stück
a piece	…das Stück
rose	Rose
coffee	Kaffee
can I pay, please!	zahlen bitte!
grape	Traube
orange	Orange
banana	Banane
pineapple	Ananas
lemon	Zitrone
peach	Pfirsich
lemonade	Limonade
coca cola	Coca Cola
tea	Tee
with milk	mit Milch
with lemon	mit Zitrone
a cup of hot chocolate	eine Tasse Schokolade
a glass of milk	ein Glas Milch
ice cream	Eis

Was kostet…?

Im Café

Obst kaufen

Alle Obstsorten sind mit Namen und Preis bezeichnet.

Kannst du die Fragen unter dem Bild beantworten?

Wie sagst du dem Verkäufer, daß du vier Zitronen, ein Kilo Bananen und eine Ananas willst? Wieviel kostet das einzeln; was macht das zusammen? (Auf Seite 45 steht's.)

What is one pound thirty?
What is one pound sixty?
What is sixty pence a piece?
What is one pound?

Im Café

Hier sind einige leckere Sachen, die du vielleicht bestellen willst.

Monate, Jahreszeiten und das Datum

Hier findest du die Namen der Monate und Jahreszeiten. Außerdem lernst du, nach dem Datum zu fragen.

Neue Wörter

month	der Monat
year	das Jahr
what date is it today?	welches Datum haben wir?
today	heute
birthday	der Geburtstag

Die Jahreszeiten

spring	der Frühling
summer	der Sommer
autumn	der Herbst
winter	der Winter

Die Monate

January	Januar
February	Februar
March	März
April	April
May	Mai
June	Juni
July	Juli
August	August
September	September
October	Oktober
November	November
December	Dezember

Die Jahreszeiten

Erster, zweiter, dritter...

„Der erste" heißt auf englisch **the first**, „der zweite" **the second**, „der dritte" **the third.** Von **the fourth** (4.) bis **the twentieth** (20.) hängst du ein -th an die Zahl. Dann folgt: **the twenty first, the twenty second, the twenty third, the twenty fourth, the twenty fifth** usw. bis **thirtieth; the thirty first, the thirty second, the thirty third, the thirty fourth,** usw.

Kannst du die anderen Monate der Reihe nach aufzählen?

Das Datum

Das Datum schreiben

Zuerst schreibst du den Monatsnamen und dann den Tag.

Wann hast du Geburtstag?

On the heißt „am".

Wann ist ihr Geburtstag?

Bei Monica sagst du: **Monica's birthday is on the second of April.** Und wie ist das bei den anderen?

Monica	John	Evelyn	Elisabeth	Charles	Andrew

April 2	July 21	October 18	August 31	March 3	September 7

Farben und Zahlen

Farbbezeichnungen können als Hauptwörter verwendet werden („das Rot“) oder als beschreibende Wörter („Das Haus ist rot“ oder „Das rote Haus“): **The house is red** oder **The red house.**

Die Farben

Welche Farbe hat …?

Decke das Bild oben zu. Kannst du sagen, welche Farben die Dinge auf dem nebenstehenden Bild haben?* (Auf Seite 45 kannst du nachschauen.)

Zahlen

Im Englischen sprichst du die Zahlen so aus, wie du sie schreibst (also die Zehner **vor** den Einern). Von 30 bis 39 zählst du genauso wie von 20 bis 29.

1 one	11 eleven	21 twenty-one	31 thirty-one
2 two	12 twelve	22 twenty-two	40 forty
3 three	13 thirteen	23 twenty-three	50 fifty
4 four	14 fourteen	24 twenty-four	60 sixty
5 five	15 fifteen	25 twenty-five	70 seventy
6 six	16 sixteen	26 twenty-six	80 eighty
7 seven	17 seventeen	27 twenty-seven	90 ninety
8 eight	18 eighteen	28 twenty-eight	100 one hundred
9 nine	19 nineteen	29 twenty-nine	101 one hundred and one
10 ten	20 twenty	30 thirty	200 two hundred

* Der Himmel heißt **the sky.**

Die englische Aussprache

Wie Englisch klingt, wie es ausgesprochen wird, weißt du sicher. Bestimmt hast du schon oft englische oder amerikanische Popmusik gehört. Doch wollen wir möglichen Zweifeln vorbeugen. Die alphabetische Wortliste am Ende des Buchs führt deshalb für jedes verzeichnete Wort die richtige Aussprache auf. Und zwar in einer einfachen Lautschrift, die wir sicherheitshalber in eckige Klammern gesetzt haben, um sie von der normalen Schreibweise abzuheben.

Manche Buchstaben sind im Englischen etwas anders auszusprechen als im Deutschen. Welche das sind und wie sie gesprochen werden, erklären wir auf dieser Seite.

Das Allerbeste ist natürlich, viel Englisch zu hören und dabei auf die Aussprache und Sprachmelodie zu achten. Du lernst beides im Handumdrehen, wetten?

[i:] zwei Punkte hinter einem Buchstaben der Lautschrift heißen, daß du ihn lang aussprichst, so wie das „i" in „Biene".

['] das Apostroph steht vor der betonten Silbe eines Wortes.

[ə] spricht sich wie das „e" am Ende von deutschen Wörtern, z. B. Schule oder Knöpfe:
a (ein/eine) [ə], sister [sistə], moment [moumənt]

[æ] ausgesprochen wie das deutsche „ä", aber den Mund etwas weiter aufmachen:
fat [fæt], ham [hæm]

[ai] wie deutsch „Main"; das „i" hört man gerade noch so:
I (ich) [ai], my [mai]

[ei] ein langes „e" wie in „Geh!" und dahinter ein kurzes „i":
day [dei], name [neim]

[oi] wie „eu" in „Leute"
boy [boi], enjoy [indschoi]

[ou] das „o" wie in „Ostern", dann ein kurzes „u":
go [gou], window ['windou]

[d] [b] [g] Diese drei Buchstaben spricht man auf Englisch **immer** so aus, wie in „Dorf", „Ball" und „Geld", auch dann, wenn sie am Wortende stehen:
red [red], big [big]

[r] Das „r" hört sich im Englischen anders an als im Deutschen. Sicher weißt du, wie die Worte „Rock 'n Roll" ausgesprochen werden. Übrigens: „r" am Wortende spricht man überhaupt nicht aus.

[v] wie im Deutschen in „Vase":
very ['veri], living room ['living ru:m]

[w] dieser Laut klingt wie ein kurzes „u" mit einem Vokal (Selbstlaut) dahinter. Stelle dir ein „qu" vor, und lasse dann beim Aussprechen das „q" weg, wie z. B.:
Quelle – uelle – jetz das „e" hinten weg und du hast uell
well [wel]

zuletzt das

[ð] dies ist das Zeichen für „th" im Englischen. Diese Buchstaben sprichst du aus wie ein gelispeltes „s":
the [ð], thin [ðin], Elisabeth [e'lisabeð]

Sprachregeln

Jede Sprache folgt Regeln, Grammatik genannt, die beschreiben, wie die Sprache funktioniert und benutzt werden kann. Sprachregeln sind also auch Gebrauchsanweisungen. Jede Sprache hat ihre eigenen Regeln. Auf den folgenden zwei Seiten findest du einige wichtige Regeln der englischen Sprache zusammengefaßt. Es sind dieselben, die schon vorne im Buch erläutert wurden. Lies sie von Zeit zu Zeit durch, es lohnt sich: Du wirst Englisch noch leichter lernen, wenn du weißt, wie es funktioniert.

Die Wortstellung

Im Englischen sagt man immer zuerst, **wer** etwas tut, dann die **Tätigkeit,** also das Tätigkeitswort (Verb) und danach alles andere. **My parents are very nice,** Meine Eltern sind sehr nett.
Die Wortstellung bleibt im Englischen immer gleich, auch wenn sie sich im Deutschen ändert. Achte auf die Satzteile hinter dem Strich: **I believe that / my parents are very nice,** Ich glaube, daß / meine Eltern sehr nett sind.

Hauptwörter

bezeichnen Personen und Dinge. Englische Hauptwörter werden klein geschrieben. Nur Personen- und Ländernamen und die Hauptwörter am Anfang eines Satzes schreiben sich groß. Im Englischen gibt es keinen Unterschied zwischen weiblichen, männlichen und sächlichen Hauptwörtern. Deshalb gibt es auch nur einen

Artikel,

also nur ein Wort für „der", „die" und „das": **the.** „Ein" oder „eine" wird mit **a** bzw. **an** übersetzt. Es heißt **an** anstelle von **a,** wenn das folgende Hauptwort mit einem Vokal (a, e, i, o, u) im Anlaut beginnt. **This is an elephant.**

Mehrzahl (Plural)

Im Englischen wird ein **-s** an das Wort angehängt, dessen Mehrzahlform gebildet werden soll. **One tree, two trees,** Ein Baum, zwei Bäume.
Allerdings gibt es Ausnahmen von dieser Regel. Die wichtigsten Ausnahmewörter muß man sich einfach merken:
the child, the children / das Kind, die Kinder
the man, the men / der Mann, die Männer
the woman, the women / die Frau, die Frauen
the foot, the feet / der Fuß, die Füße

Tätigkeitswörter (Verben)

Die Grundform englischer Verben besteht aus dem Verbstamm, dem das Wörtchen **to** vorangestellt wird: **to eat,** essen; **to dance,** tanzen.
Englische Verben ändern sich nur in der dritten Person Einzahl, also wenn **he, she, it** („er", „sie", „es") etwas tut. In diesem Fall hängt man dem Verbstamm ein **-s** an. **He comes, she eats,** Er kommt, sie ißt.
Verben, die auf e, o, u enden, wie **to go** oder **to do,** hängt man ein **-es** an: **He goes, she does,** Er geht, sie tut.

to come	kommen
I come	ich komme
you come	du kommst
he/she/it comes	er/sie/es kommen
we come	wir kommen
you come	ihr kommt
they come	sie kommen

Die Hilfsverben to have, to do und to be

Im Englischen werden die Hilfsverben zu denselben Zwecken gebraucht wie im Deutschen. Die Verben **to do** und **to be** nehmen darüber hinaus eine Sonderstellung ein (s. unten).

to have	haben
I have	ich habe
you have	du hast
he/she/it has	er/sie/es hat
we have	wir haben
you have	ihr habt
they have	sie haben

to do	tun/machen
I do	ich tue
you do	du tust
he/she/it does	er/sie/es tut
we do	wir tun
you do	ihr tut
they do	sie tun

to be	sein
I am	ich bin
you are	du bist
he/she/it is	er/sie/es ist
we are	wir sind
you are	ihr seid
they are	sie sind

Die -ing Form

Im Englischen kann der Satz „Ich spreche" auf zwei Arten formuliert werden: **I speak** und **I am speaking** (wörtl.: Ich bin sprechend). Die zweite Möglichkeit, die sogenannte **-ing** Form, wendet man auf Tätigkeiten und Vorgänge an, die gerade in diesem Augenblick passieren. Dazu braucht man die passende Form von **to be,** z. B. **I am,** läßt den Verbstamm folgen, z. B. **speak,** und hängt an diesen die Endung **-ing** an: **I am speaking,** Ich spreche (gerade); **I am reading,** Ich lese (jetzt); **What are you doing?** Was machst du (da)? **He is cooking,** Er kocht (im Moment); **I am learning English,** Ich lerne (zur Zeit) Englisch.
Merke: Wenn das Verb **to be** im Satz vorkommt, wird die **-ing** Form nie gebraucht: **I am in a telephone box,** Ich bin (gerade) in einer Telephonzelle.

Fragen mit to do

Bei englischen Fragen nimmt man meistens das Verb **to do** zu Hilfe. **Do** oder **does** steht am Anfang der Frage, gefolgt von Personalpronomen und Verbstamm. Braucht man ein Fragewort, steht **do** oder **does** direkt dahinter. **Do you come to England often?** Kommst du oft nach England? **When does she go to school?** Wann geht sie zur Schule?
Merke: Wenn das Verb **to be** im Satz vorkommt, wird do/does in der Frage nie gebraucht: **Are you from Germany?** Bist du aus Deutschland? **Is he your brother?** Ist er dein Bruder?

Verneinung mit to be

Verneint wird im Englischen stets mit der passenden Form von **to do + not: I do not like,** Ich mag nicht; **he does not eat,** er ißt nicht.
Merke: Wenn **to be** im Satz vorkommt, wird do/does nicht gebraucht. **It is not cold,** Es ist nicht kalt. **They are not fat,** Sie sind nicht dick.

Kurzformen

Im umgangssprachlichen Englisch gibt es vielerlei Wortzusammenziehungen. Die wichtigsten sind:
don't für **do not / isn't** für **is not / doesn't** für **does not / aren't** für **are not.** Statt **what is, that is, who is, it is** kann man **what's, that's, who's, it's** sagen. **They are** kann zu **they're** verkürzt werden.

Die Steigerung

Sehr kurze Eigenschaftswörter werden gesteigert, indem man ihnen **-er** bzw. **-est** anhängt: **nice, nicer, nicest,** nett, netter, am nettesten. Endet der Stamm des Eigenschaftsworts auf **e,** so bleibt es erhalten, wird aber nicht verdoppelt: **nice, nicer.** Die Endung **y** wird zu **ier: pretty, prettier,** hübsch, hübscher.
Bei langen Eigenschaftswörtern sagt man auf Englisch, etwas ist „mehr" **more,** z. B. **Tennis is interesting, but football is more interesting** oder **most interesting.** Tennis ist interessant, aber Fußball ist interessanter bzw. am interessantesten.

Die Anrede

Im Englischen gibt es keinen Unterschied zwischen „Du" und „Sie". Es heißt immer **you.**

Antworten

Seite 7

Wie heißen diese Leute?

His name is Peter. Her name is Anita. They are Daniel and Tony. My name is ...

Wer ist wer?

George spricht mit Bill.
Anita spricht mit Susan.
George siehst du unten rechts (grüne Badekappe).
Bill spricht mit George.
Anita ist das Mädchen ganz links unten.
Der Mann, der sich von Michael verabschiedet, geht nach Hause.

Erinnerst du dich?

What is your name?
My name is ...
This is my friend. Her name is Anita.
His name is Daniel.

Seite 11

Wer kommt von wo?

Franz kommt aus Österreich.
Sie heißen Hari und Indira.
Ja, Marie und Pierre kommen aus Frankreich.
Nein, Lolita ist Spanierin.
Hari und Indira kommen aus Indien.
Ja, Angus ist Schotte.
Pierre ist Franzose.
János wohnt in Budapest.

Seite 9

Erinnerst du dich?

flower(s), cat(s), tree(s), nest(s), bird(s), roof(s), sun, window(s), car(s), dog(s).

Seite 13

Wie alt sind sie?

Michael ist 13.
Jean und Joan sind 15.
Boris ist 12.
Eve ist 11.
Victor ist 9.
Barbara ist 5.

Wie viele Geschwister?

A = Jean und Joan. B = Victor. C = Michael.
D = Boris. E = Eve.

Seite 17

Wo stecken sie alle?

Grandad is in the dining room.
Stephen is in the kitchen.
Peter is in the bathroom.
Mum is in the bedroom.

In the living room.
In Susy's room.
In the dining room.
In the bathroom.

Seite 19

Wo verstecken sich die Tiere?

The hamster is hiding in the vase.
The kitten is hiding behind the TV.
The puppy is hiding in the cupboard.
The budgie is hiding on the shelves.
The snake is hiding behind the sofa.
The tortoise is hiding beside the telephone.

Seite 21

Wer mag was?

1. Boris, 2. John, 3. Bananas, 4. Grandad,
5. Fruit tart
I like ... I don't like ...

Seite 23

Wer sagt was?

"I am hungry."
"Enjoy your meal."

"Help yourself."
"Can you pass me a glass, please?"
"Some more chips?"
"Yes, please. That's enough, thank you."
"It's delicious."

Seite 25

Was machen sie?

A. I'm cooking. B. I'm swimming and diving.
C. We're dancing. D. I'm playing the violin.
E. I'm painting.

Seite 27

Mikes Tag

1 b, 2 e, 3 f, 4 a, 5 h, 6 g, 7 d, 8 c.

Wieviel Uhr ist es?

a. It's five past three. b. It's five past eleven.
c. It's ten to nine. d. It's a quarter to four.
e. It's twenty five past three. f. It's half past seven.
g. It's three o'clock. h. It's four o'clock.
i. It's nine o'clock. j. It's half past one.
k. It's five past seven. l. It's half past ten.
m. It's six o'clock. n. It's twenty five to four.
o. It's five to two.

Seite 29

Dein Terminkalender

I'm going to the disco with Boris.
I'm playing tennis on Monday, Wednesday and Sunday.
I'm going to the cinema on Wednesday evening.
Yes, I have a piano lesson on Tuesday.
Yes, I'm free on Sunday morning.
It's at seven o'clock.

I'm sorry. On Saturday afternoon I'm playing football. That's great! Until Thursday.

Seite 33

In Newcastle

Excuse me. How do I get to the market place?
Excuse me. Is there a café nearby?
Take the third street to the left and then you go straight ahead.
Take the third street to the right, then go straight on. The market is on the left.
At the shops.

Seite 37

Obst kaufen

I'd like four lemons, 2 pounds of bananas and a pineapple, please.
Four lemons are 60 p., the bananas are one pound eighty, one pineapple costs 75 p. That is three pounds fifteen, altogether.
Two pineapples, two pounds of grapes, one apple, ten oranges.

Seite 40

Welche Farbe hat…?

The street is grey. The sun is yellow. The roof is orange. The sky is blue. The flowers are pink. The dog is brown. The bird is black. The car is red. The trees are green. The house is white.

Alphabetische Wortliste

a [ə] ein, eine
about [ə'baut] etwa, ungefähr
after ['a:ftə] nach
the afternoon ['a:ftənu:n] der Nachmittag
a little [ə litl] ein bißchen
all [o:l] alle
almost ['o:lmoust] fast
along [ə'long] entlang
always ['o:lweis] immer
and [ænd] und
anything else? ['æniðing els] noch etwas?
a piece [əpi:s] das Stück
the apple [ði æpl] der Apfel
are there [a:ðəa] gibt es... (pl.)
the armchair ['a:mtschəa] der Sessel
as far as [əs fa: əs] bis zum/zur
at [æt] um
the aunt [a:nt] die Tante
Austria ['o:stria] Österreich
the autumn ['o:tm] der Herbst

the baker's ['beikəs] die Bäckerei
the banana [ba'nana] die Banane
the bank [bænk] die Bank
the bath [ba:ð] das Bad
the bathroom ['ba:ðru:m] das Badezimmer
to be [bi:] sein
beautiful ['biutiful] schön
the bedroom ['bedru:m] das Schlafzimmer
behind [bi'haind] hinter
to be hungry [hangry] Hunger haben
beside [bi'said] neben
between [bit'wi:n] zwischen
the bird [bə:d] der Vogel
the birthday ['bə:ðdei] der Geburtstag
black [blæk] schwarz
blue [blu:] blau
the book [buk] das Buch
the bread [bred] das Brot
the bread roll [bred roul] das Brötchen
the breakfast ['brəkfəst] das Frühstück
the brother ['braðə] der Bruder
brown [braun] braun
the budgie ['badschi] der Wellensittich
but [bat] aber
the butcher's ['butschəs] die Metzgerei
the butter ['batə] die Butter
to buy [bai] kaufen
bye! [bai] Tschüs!
by the sea [bai ðə si:] am Meer

the café [kæffei] das Café
the campsite ['kæmpsait] der Campingplatz
the car [ka:] das Auto
the carpet ['ka:pət] der Teppich
the castle ['ka:sl] das Schloß
the cat [cæt] die Katze
the cheese [tschi:s] der Käse
the chemist's ['kemists] die Apotheke
the chips [tschips] die Pommes frites
the church [tschə:tsch] die Kirche
the chocolate ['tschoklət] die Schokolade
the cinema ['sinemə] das Kino
the city [siti] die (Groß-)Stadt
the city-hall ['siti ho:l] das Rathaus
coca cola [kokə coulə] die Cola
the coffee [kofi] der Kaffee
to come [kam] kommen
to cook [kuk] kochen
the corner [ko:nə] die Ecke
to cost [kost] kosten
the cupboard ['kapbəd] der Schrank
the curtain ['kə:tn] der Vorhang

dad [dæd] Papa
to dance [da:ns] tanzen
dark [da:k] dunkel
delicious [də'lischəs] ganz prima
the dining room ['daining ru:m] das Eßzimmer
direct(-ly) [di'rekt(li)] direkt
to dive [daiv] tauchen
the disco [diskəu] die Disko(thek)
the dog [do:g] der Hund
the door [do:] die Tür
to drive [draiv] fahren

each [i:tsch] das Stück
to eat [i:t] essen
the egg [eg] das Ei
England ['inglənd] England
English ['inglisch] englisch
enjoy your meal [in'dschoi yə: mi:l] guten Appetit
enough [i'naf] genug
the evening ['i:vning] der Abend
excuse me [ikskiu:s mi:] Entschuldigung!

the fall (am.) [fo:l] der Herbst
fair [fəa] hell
the family ['fæmili] die Familie
fat [fæt] dick
the father ['fa:ðə] der Vater
the fence [fens] der Zaun
to find [faind] finden
(the) first [fə:st] (der) erste(r)
the fish [fisch] der Fisch
the flat [flæt] die Wohnung
the flower [flauə] die Blume
France [fra:ns] Frankreich
French [frentsch] französisch
Friday ['fraidi] Freitag
the friend [frend] der Freund/die Freundin
friendly ['frendli] freundlich
from [from] aus
the fruit [fru:t] das Obst
the fruit tart ['fru:t ta:t] die Obsttorte

the garage [gæ'ra:sch] die Garage
the gas station (am.) [gæs steischn] die Tankstelle
German ['dschə:mən] deutsch
Germany ['dschə:məni] Deutschland
the ghost [goust] der Geist

to give [giv]	geben
the glass [gla:s]	das Glas
to go [gou]	gehen/fahren
good [gud]	gut
goodbye [gudbai]	auf Wiedersehen
good evening [gud 'ivning]	guten Abend
good night [gud 'nait]	gute Nacht
to go shopping ['gou 'schoping]	einkaufen gehen
grandad ['grændæ:d]	Opa
the grandfather ['grænfa:ðə]	der Großvater
the grandmother ['grændmaðə]	die Großmutter
the grandparents ['grændpəarənt]	die Großeltern
granny ['græni]	Oma
the grape [greip]	die Traube
grey [grei]	grau
the grocer's ['grousəs]	das Lebensmittelgeschäft
half [ha:f]	halb
the ham [hæm]	der Schinken
the hamster ['hæmstə]	der Hamster
to have [hæv]	haben
to have breakfast [hæv 'brekfəst]	frühstücken
to have lunch [hæv lantsch]	zu Mittag essen
to have supper [hæv sapə]	zu Abend essen
to have tea [hæv ti:]	zu Abend essen
help yourself [help yə:'self]	bedien' dich
here [hiə]	hier
the house [haus]	das Haus
Hungary ['hangari]	Ungarn
hungry ['hangri]	hungrig
the ice cream [aiskri:m]	das Eis
immediately [im'i:diətli]	sofort
India ['india]	Indien
in English ['inglisch]	auf Englisch
in front of [in front ov]	vor
in German [in 'dschə:man]	auf deutsch
the instrument ['instrumənt]	das Instrument
in the afternoon [in ði 'a:ftənu:n]	nachmittags
in the country [in ðə 'kantri]	auf dem Land
in the evening [in ði 'i:vning]	abends
in the morning [in ðə 'mo:ning]	morgens
is there...? [is ðəa]	gibt es...?
the kilo ['kilou]	das Kilo
the kitchen ['kitschən]	die Küche
the kitten ['kitn]	das Kätzchen
to knit [nit]	stricken
the lemon ['lemən]	die Zitrone
the lemonade ['leməneid]	die Limonade
lesson ['lesn]	die Unterrichtsstunde
to like [laik]	mögen
to listen to ['lisn tu:]	anhören
the litre [li:tə]	der Liter
to live [liv]	wohnen
the living room ['living ru:m]	das Wohnzimmer
to look for [luk foə]	suchen
the lunch [lantsch]	das Mittagessen
to make [meik]	machen
to make things [meik ðings]	basteln
the market ['ma:kət]	der Markt
the marketplace ['ma:kətpleis]	der Marktplatz
the meat [mi:t]	das Fleisch
the milk [milk]	die Milch
the minute ['minit]	die Minute
Miss [mis]	Fräulein
Monday ['mandei]	Montag
the month [manð]	der Monat
more [mo:]	mehr
the morning ['mo:ning]	der Morgen
the mother ['maðə]	die Mutter
Mr. ['mistə]	Herr
Mrs. ['misəs]	Frau
mum [mam]	Mama
the music ['miusik]	die Musik
my [mai]	mein, meine
nearby ['niəbai]	in der Nähe
the nest [nest]	das Nest
(the) next [nekst]	(der) nächste(r)
no [nou]	nein
not [not]	nicht
not at all [not ət 'o:l]	gar nicht
not any [not eni]	kein, keine
old [ould]	alt
on [on]	auf
on foot [on fut]	zu Fuß
on the left [on ðə left]	links
on the right [on ðə rait]	rechts
to open ['oupən]	öffnen
opposite ['opəsit]	gegenüber
or [o:]	oder
the orange ['orindsch]	die Orange
the orange juice ['orindsch dschu:s]	der Orangensaft
over there [ouvə ðəa]	da drüben
to paint [peint]	malen
the parents ['pəarənts]	die Eltern
to pay [pei]	zahlen
the peach [pi:tsch]	Pfirsich
the pence [pens]	die Pfennige
the penny [peni]	der Pfennig
the petrol station ['petrəl 'steischn]	die Tankstelle
the phone box ['foun boks]	die Telefonzelle
the piano [pi'ənou]	das Klavier
the pineapple ['painapl]	die Ananas
the plant [pla:nt]	die Pflanze
to play [plei]	spielen
to play football [plei 'futbo:l]	fußballspielen
please [pli:s]	bitte
the pound [paund]	das Pfund
the postcard ['poustka:d]	die Postkarte

the post office ['poustofis]	die Post
the puppy [papi]	das Hündchen
quarter ['kwo:tə]	ein Viertel
the quiche [ki:sch]	die Quiche
to read [ri:d]	lesen
red [red]	rot
the rice [rais]	der Reis
the roof [ru:f]	das Dach
the room [ru:m]	das Zimmer
the rose [rous]	die Rose
the salad ['sæləd]	der Salat
Saturday ['sætədi]	Samstag
the sausage ['sosidsch]	das Würstchen
the school [sku:l]	die Schule
Scotland ['skotlənd]	Schottland
the shelves [schelvs]	das Regal
the shop [schop]	das Geschäft
the sister ['sistə]	die Schwester
the sky [skai]	der Himmel
slim [slim]	schlank
small [smo:l]	klein
the snake [sneik]	die Schlange
the sofa [soufə]	das Sofa
something ['samðing]	etwas
soon [su:n]	bald
the spaghetti [spa'geti]	Spaghetti
Spain [spein]	Spanien
to speak [spi:k]	sprechen
to spook [spu:k]	spuken
the sport [spo:t]	der Sport
straight ahead [streit a'hed]	geradeaus
the summer ['samə]	der Sommer
the sun [san]	die Sonne
Sunday ['sandi]	Sonntag
the supermarket ['supəma:kət]	der Supermarkt
the supper [sapə]	das Abendessen
to swim [swim]	Schwimmen
the swimming pool ['swimming pu:l]	das Schwimmbad
the table [teibl]	der Tisch
to take [teik]	nehmen
tall [to:l]	groß
the tea [ti:]	der Tee/das Abendessen
the telephone ['teləfoun]	das Telefon
the television (TV) teli'vischən (ti:vi:)]	der Fernseher

terrible ['teribl]	fürchterlich
thank you ['ðænk iu]	danke
that's a pity [ðæts ə 'piti]	schade
that's great [ðæts 'greit]	prima
then [ðen]	dann
(the) third [ðe:d]	(der) dritte(r)
Thursday ['ðə:sdi]	Donnerstag
to [tu]	vor (Uhr), nach (Ort)
together [tu'geðə]	zusammen
the toilets ['toilit]	die Toiletten
the tomato [tə'ma:tou]	die Tomate
tomorrow [tə'morou]	morgen
too [tu:]	auch
the tortoise ['to:təs]	die Schildkröte
the town [taun]	die Stadt
the town hall [taun ho:l]	das Rathaus
the tourist office ['tu:rist ofis]	das Informationsbüro
the tree [tri:]	der Baum
Tuesday ['tiu:sdi]	Dienstag
the uncle ['ankl]	der Onkel
under ['andə]	unter
until [ən'til]	bis
the vase [veis]	die Vase
the vegetables ['vedschitabls]	das Gemüse
very [veri]	sehr
the violin ['vaiəlin]	die Geige
to watch TV [wotsch ti:vi:]	fernsehen
Wednesday ['wensdi]	Mittwoch
what [wot]	was/wie
when [wen]	wann
where [weə]	wo
where...from [weə from]	von wo
white [wait]	weiß
who [hu:]	wer
the window ['windou]	das Fenster
the winter ['wintə]	der Winter
with [wið]	mit
with pleasure [wið 'pleschə]	gerne
year [iə:]	das Jahr
yellow ['ielou]	gelb
yes [ies]	ja
young [iang]	jung
your [yoə]	dein, deine
the youth hostel [iu:ð hostəl]	die Jugendherberge

95 9 8 7

© 1987 arsEdition, München
© 1986 für Konzept und Illustrationen:
Usborne Publishing Ltd., London
Alle Rechte vorbehalten

Übersetzung und Bearbeitung der deutschen Ausgabe:
Heinz Lechleiter
Printed in Germany

ISBN 3-7607-4500-8

Entdecken, vergleichen, Wissen erweitern

Die Bildatlanten gehören zu den schönsten und aufwendigsten Produktionen dieses Jahrzehnts im Kinder- und Jugendsachbuch. Sie entstehen in enger Zusammenarbeit mit Dorling Kindersley (London), einem der renommiertesten Sachbuchverlage der Welt. Die von namhaften Fachleuten geschriebenen Bücher bieten einen umfassenden Gesamteindruck vom jeweiligen Thema. Sie sind besonders gut lesbar durch eine raffinierte und ausgewogene Kombination von klaren Texten, anschaulicher Kartographie, bestechend prägnanten Illustrationen und sorgfältig ausgewählten Fotos.

Bildatlas der Welt
ISBN 3-7607-**4571-7**

Ein Atlas und ein reich illustriertes Sachbuch über die Erde in einem – so erhält man ein
anschauliches Bild von Landschaften, Ländern und Leuten. Dieser Band umfaßt 80 Seiten.

Bildatlas der Dinosaurier
ISBN 3-7607-**4598-9**

Ein lebendiges Szenarium der versunkenen Welten der Dinosaurier in den 160 Millionen Jahren von der Trias bis zur Kreidezeit.

Bildatlas der Entdeckungen
ISBN 3-7607-**4614-4**

Eine umfassende Darstellung der bedeutensten Entdeckungsreisen vom Altertum bis in die heutige Zeit.

Bildatlas der Welt
ISBN 3-7607-**4571-7**

Bildatlas der Dinosaurier
ISBN 3-7607-**4598-9**

Bildatlas der Tiere
ISBN 3-7607-**4599-7**

Bildatlas der Entdeckungen
ISBN 3-7607-**4614-4**

Bildatlas des Weltalls
ISBN 3-7607-**4615-2**

Bildatlas des Körpers
ISBN 3-7607-**4622-5**

Bildatlas der Tiere
ISBN 3-7607-**4599-7**

Ein eindrucksvolles Gesamtbild der Tierwelt. Kontinent für Kontinent lernt man die wichtigsten und interessantesten Tiere kennen.

Bildatlas des Weltalls
ISBN 3-7607-**4615-2**

Eine faszinierende Darstellung des Universums von der Erde bis zu den fernsten Sternen.

Bildatlas des Körpers
ISBN 3-7607-**4622-5**

Der menschliche Körper im Überblick – die einzelnen Organe und ihr Zusammenwirken werden mit Hilfe von präzisen Illustrationen erklärt.

In dieser Reihe sind weiterhin erschienen:

Bildatlas der Vögel
ISBN 3-7607-**4624-1**

Bildatlas der alten Kulturen
ISBN 3-7607-**4631-4**

Bildatlas der Meere
ISBN 3-7607-**4636-5**

Jeder Band 64 S. / 27 x 35 cm